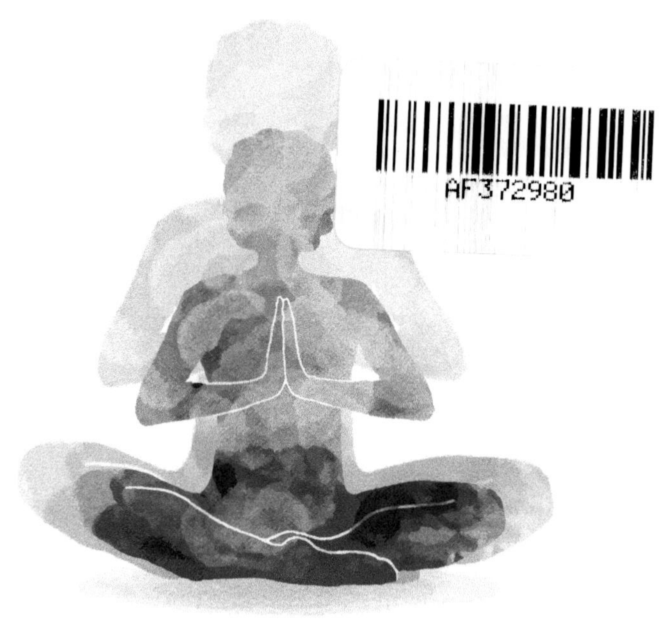

A Chave dos Portais Interiores

Raquel Lajes

NONSUCH MEDIA PTE. LTD.

SINGAPURA

A Chave dos Portais Interiores é uma obra de ficção. Nomes, personagens, lugares e incidentes são produtos da imaginação do autor e do artista, e são usados de forma fictícia. Qualquer semelhança com eventos, locais, empresas ou pessoas reais, vivas ou mortas, é mera coincidência.

ISBN: 979-8-89214-097-3

Primeira edição publicada em 2024
Título: A Chave dos Portais Interiores
Autora: Raquel Lajes
Editora: A. Lee
Design de Capa: Álvaro Oliveira para Nonsuch Media Pte. Ltd.

O autor fez todos os esforços para fornecer informações precisas no momento da publicação; nem a editora, nem o autor assumem qualquer responsabilidade por erros ou por alterações que ocorram após a publicação. Além disso, a editora não tem nenhum controlo e não assume nenhuma responsabilidade pelo autor ou websites de terceiros, ou pelo seu conteúdo.

info@nonsuchmedia.com | nonsuchmedia.com

Índice

1.

Ressonâncias do Infinito

No limiar do eterno, onde o tempo se desfaz,
Entre sussurros do cosmos, no silêncio audaz,
Há um eco profundo que a alma traduz,
Uma dança cósmica, uma infinita luz.

Na capa da noite, estrelas a piscar,
Revelam segredos, desejos a voar.
Em cada ressonância, uma história a contar,
Do infinito que habita o olhar.

Na vastidão do espaço, onde sonhos se cruzam,
As almas encontram-se, em vórtices se abraçam.
Ecos de um universo, em harmonia a vibrar,
Na sinfonia do ser, eternamente a pulsar.

Ressonâncias do infinito, melodias do além,
Em cada nota, o mistério, o divino refém.
Através da poesia, a essência a revelar,
Na beleza do indizível, a arte de amar.

Nas pinceladas do destino, em cada sussurro e desatinos,
O poeta navega, na escuridão sem farol.
Mas nas estrelas encontra, a luz para guiar,
No infinito do ser, um lugar para ancorar.

8.

Eclipse da Consciência

Numa tela de realidades misturadas,
Pinta-se o quadro do ser, eclético e vasto.
As luzes de estrelas, em noites enluaradas,
A consciência dança, livre do seu lastro.

Neste mundo, onde o tudo é nada,
E o nada se faz em tudo presente,
A mente vaga, por vezes assombrada,
Por um eclipse que a torna dormente.

Mas ah! Que espetáculo é este,
Onde as sombras e as luzes se misturam?
É o palco da vida, onde tudo que existe,
No anoitecer do ser, finalmente se abraçam.

Entre o sussurro das folhas e o rugir dos mares,
Surge uma melodia, tecida de infinitos saberes.
São as vozes ancestrais dos diversos altares,
A narrar histórias de eras que se querem esquecer.

E na coreografia deste evento cósmico,
Onde o sol se oculta para a lua brilhar,
A consciência, no seu voo quase místico,
Descobre as cores que a noite vem pintar.

3.
O Labirinto dos Sentidos

Os sentidos, reis deste espaço,
Buscam, tocam, provam, ouvem, veem.
Jardins e metal, vento e mar,
Tudo se funde, tudo é mais.

A cada curva, uma surpresa,
Um mundo novo, uma nova essência.
O labirinto desafia: explore-me devagar,
Com alma, não com pressa.

Perder-se aqui é encontrar-se,
Nos segredos, nas sombras, na luz.
É uma jornada para dentro,
Onde o fim é apenas o começo.

No labirinto dos sentidos,
Descobrimos o mapa do ser.
Transformados, renovados,
Entendemos: este é o caminho para nos conhecer.

4.
Polaridades do Ser: Luzes e Sombras

No véu do surreal, onde o tempo se dobra e a lógica se desfaz,
Habita um reino de luzes e sombras, dançando em eterno contraste.
Aqui, o ser se fragmenta, refletido em espelhos de realidades
distorcidas,
Onde cada partícula de existência é tanto luz quanto sombra, unidas.

Neste domínio, o sol beija a lua, num eclipse que nunca finda,
Cria auroras de sonhos, onde cada cor vibra e se estende.
As sombras, não meras ausências, mas tecidos de histórias esquecidas,
Desenham no chão labirintos, convidam a alma para danças
desconhecidas.

As luzes, faróis de infinitos desejos, pintam o céu de possibilidades,
Enquanto as sombras sussurram segredos, revelam profundidade.
Neste balé cósmico, o ser vê-se dividido e, ao mesmo tempo
completo,
Num jogo de polaridades, onde cada extremo é um reflexo secreto.

Árvores com raízes no firmamento crescem, desafiam a gravidade,
As suas folhas, espelhos que refletem não o que é, mas o que pode ser.
Aqui, a luz não ilumina, mas tece realidades com fios de fantasia,
E a sombra, longe de ocultar, revela dimensões de pura magia.

Neste espaço, entre o brilho e o oculto, o ser encontra a sua
verdadeira face,
Uma fusão de contrastes, onde o medo e a esperança se abraçam.
Porque no coração do surrealismo, na essência deste reino de luz e
sombra,
Jaz a compreensão de que somos feitos de polaridades, numa dança
que nos molda.

No palco deste universo paradoxal, onde tudo é possível e nada é
real,
O ser aprende a navegar entre luzes e sombras, encontra equilíbrio
no irreal.
É uma jornada através do espelho, onde ao enfrentar o reflexo mais
profundo,
Descobre-se que, no cerne das polaridades, reside um mundo
inteiro, fecundo.

5.
Espelhos da Existência: Reflexos e Distorções

Neste reino, o dia beija a noite, num encontro que jamais cessa,
Desperta auroras de imaginação, onde cada cor pulsa e se expande.
As sombras, longe de serem vazios, são teias de memórias
adormecidas,
Traçam no solo labirintos, convites para passos ainda não dançados.

Luzes, como faróis de desejos infindáveis, desenham no céu
trajetórias de sonhar,
Enquanto as sombras murmuram verdades antigas, desvendam
profundezas ocultas.
Nesta valsa cósmica, o ser se descobre dividido, porém completo,
Num jogo de opostos, onde cada extremidade é um espelho de
mistérios.

Árvores com raízes suspensas no ar crescem, desafiando o
convencional,
As suas folhas, prismas que refratam não o real, mas o potencial.
Aqui, a luz não apenas ilumina, mas entrelaça realidades com fios de
ilusão,
E a sombra, distante de esconder, desvela universos de
encantamento.

Na arena deste cosmos de paradoxos, onde tudo é viável e nada é palpável,

O ser aprende a transitar entre claridades e sombras, procura harmonia no fantástico.

É um percurso pelo reflexo, onde, ao confrontar a imagem mais íntima,

Revela-se que, no âmago dos contrários, habita um universo vasto e rico.

6.
Sinfonias do Éter

Na vastidão do éter, onde o silêncio canta,
Onde as estrelas sussurram segredos ancestrais,
Ecos de harmonias ocultas dançam, encantam,
Em melodias divinas, etéreas e imortais.

Nesse reino esquecido, além da visão mortal,
Reside a essência pura, o sopro da criação,
Fluem como rios de luz num espaço astral,
Tecem a trama do ser, em constante mutação.

Cada nota, um fragmento da sabedoria eterna,
Cada pausa, um convite ao introspetivo olhar,
Na música do cosmos, a alma se eleva, moderna,
Descobre nos éteres o seu lugar para ancorar.

Entre dimensões, onde os sonhos são reais,
E o amor é a linguagem universal,
As sinfonias do éter revelam caminhos ideais,
Para transcender o efémero, o banal.

7.

O Teatro dos Sonhos Lúcidos

Na cortina do tempo, um teatro se ergue,
Palco de sonhos lúcidos, onde a alma se refuge.
Cenário de estrelas, sob a lua que segue,
Em noites sem fim, onde o espírito se entregue.

Atores somos nós, em fantasias vestidos,
Guiados por desejos, em segredos escondidos.
As nossas falas, sussurros aos ventos confiados,
Em sonhos lúcidos, somos reis coroados.

No silêncio entre os atos, ouve-se o universo,
Ecoando mensagens, num poético verso.
Neste espaço sagrado, onde o tempo não tem poder,
A essência da vida começa a florescer.

O teatro dos sonhos lúcidos, um refúgio espiritual,
Onde cada ser encontra o seu caminho astral.
Em cada sonho, uma peça, uma história a contar,
Neste teatro etéreo, aprendemos a nos encontrar.

8.
Fragmentos de Realidades Paralelas

Em véus de realidades, paralelas se cruzam,
Universos infinitos, onde almas se confundem.
Nas tramas do destino, linhas que se entrelaçam,
Histórias desdobram-se, em tempos que se fundem.

Entre o visível e o oculto, um fio subtil conecta,
Fragmentos de existências, em mosaicos que afetam.
Cada escolha, uma porta para mundos que desperta,
Ecos de vidas múltiplas, em sonhos que se projetam.

No espelho do ser, reflexos de infinitas faces,
Caminhos não percorridos, em dimensões amplas, graciosas.
Nessas realidades paralelas, amor em diferentes fases,
Almas gémeas se reencontram, em histórias gloriosas.

Nas profundezas do eu, uma ponte para o divino,
Conexão com o todo, onde o eu é peregrino.
Em cada realidade paralela, um destino,
Um caminho para o sagrado, um rito genuíno.

9.
Cartografias da Alma

Cada sentimento, um território desconhecido,
Amores e dores, em cores, são descritos.
Nesta geografia íntima, o ser é redefinido,
Por caminhos de luz e sombras, é percorrido.

Nas cartografias da alma, não há fronteiras,
Apenas espaços fluidos, de mil maneiras.
Entre o visível e o oculto, pontes verdadeiras,
Unem o eu profundo às estrelas ligeiras.

Mapas desenhados com a tinta dos sonhos,
Onde o impossível, por um fio, se torna risonho.
Navegam desejos, como rios medonhos,
Em oceanos de esperança, onde nos propomos.

Sob a bússola do destino, traçamos rotas,
Por entre as névoas, verdades remotas.
A cartografia da alma, nas suas notas,
Canta hinos ao que dentro de nós brota.

10.
O Jardim Secreto
das Ideias

Num canto escondido da mente se encontra,
Um jardim secreto, onde o pensamento apronta.
Entre flores de ideias, a criatividade desponta,
Neste solo sagrado, onde a inspiração brota.

Caminhos de intuição, entre árvores ancestrais,
Sussurram segredos, em ventos espirituais.
Cada folha, um conceito; em rios, metáforas vitais,
Neste jardim, as verdades são universais.

Fontes de inspiração, em águas claras, correm,
Nutrem raízes profundas, que no silêncio morrem.
Mas, no jardim secreto, renascem e socorrem,
Almas sedentas por sonhos, que nelas se socorrem.

Borboletas de imaginação, em voos lúdicos, dançam,
Pousam em flores de intuições, que a mente alcançam.
Neste espaço sagrado, onde as almas balançam,
Os segredos do universo, delicadamente, se avançam.

II.

Odisseias do Espírito Livre

Num voo sem amarras, o espírito se lança,
Em odisseias celestes, a liberdade dança.
Por mares de nuvens, em luz se balança,
Na busca eterna, a sua essência não cansa.

Além das fronteiras do mundo conhecido,
Desbrava mistérios, pelo destino escolhido.
Em cada estrela, um sonho é tecido,
Nas teias do cosmos, pelo amor unido.

Ventos de mudança, sopram do coração,
Guiam o espírito, na imensa imensidão.
Na harmonia do universo, encontra a canção,
Que canta a liberdade, em pura vibração.

Nessa jornada, onde o ser se transcende,
O espírito livre, por fim, compreende:
A verdadeira odisseia nunca se suspende,
Na essência livre, o universo se expande.

18.
Diálogos com o Eu Multidimensional

Em silêncio profundo, o diálogo se inicia,
Entre o eu presente e a alma que guia.
"Quem sou?", pergunta à noite fria,
Responde o eco, em sábia poesia.

"Sou muitos em um, tecido de estrelas,
Caminhos cruzados, em tempos sem tela.
Cada vida, uma cor, em paleta singela,
Múltiplos eus, na mesma aguarela."

No espelho do tempo, faces refletidas,
Passado, futuro, em dimensões unidas.
"Sigo, por estradas desconhecidas,
Em cada passo, novas vidas são tecidas."

Entre perguntas e revelações,
Descobre-se parte de infinitas dimensões.
Neste diálogo íntimo, sem limitações,
O eu se abraça, em múltiplas versões.

13.

A Dança das Partículas: Microcosmo e Macrocosmo

Na dança subtil, partículas encontram-se,
Em vórtices de luz, universos formam-se.
Micro e macrocosmo, em harmonia, somam,
Nas linhas do destino, os caminhos conformam-se.

Cada átomo vibra, um poema a declamar,
Na vastidão do espaço, estrelas a brilhar.
O poeta e o cosmos, em diálogo olham-se,
No tecido do infinito, a vida a bordar-se.

"Deus não joga dados", mas o poeta sonha,
Cria mundos, onde a palavra é dona.
Entre o caos e a ordem, a beleza se entorna,
Na arte do universo, a inspiração se abona.

No palco cósmico, a dança persiste,
Entre o micro e o macro, a poesia existe.
Neste jogo divino, o amor sempre insiste,
E na tela do ser, o todo se inscreve e resiste.

14.
A Chave dos Portais Interiores

No recôndito da alma, uma chave se esconde,
Abre portais, onde o espírito responde.
Em versos profundos, a verdade se esgrima,
Nos corredores do ser, a luz última opina.

Cada passo adentro, revela um mistério,
Nas salas secretas, ecoa o silêncio sério.
"A chave está contigo", sussurra o universo,
"Nas câmaras do coração, desvenda o verso."

Com ela, as portas do amor se abrem, vastas,
Nos jardins internos, florescem almas castas.
Pela chave da fé, os medos são desfeitos,
Nos altares internos, acendem-se os preceitos.

No encontro contigo, a essência se ilumina,
Na dança das chamas, a sombra se afina.
"Tu és o portal, e a chave, divina,"
Na viagem interior, a paz se destina.

15.
O Crepúsculo dos Deuses na Era Moderna

No horizonte moderno, os deuses se desvanecem,
Sob o véu da razão, mitos antigos perecem.
Torres de aço e luz, aos céus ascendem,
Enquanto sagradas lendas, em silêncio, tremem.

Nas mãos do homem, o poder se recria,
Adultera destinos, em noites e dias.
"Onde estão os deuses?", a alma vazia indaga,
Em busca de respostas, na tecnologia se atordoa.

Mas no crepúsculo subtil, uma chama persiste,
No coração do homem, o divino ainda existe.
Pela fé renovada, a esperança resiste,
Nos altares do ser, o sagrado insiste.

No crepúsculo dos deuses, uma lição se revela,
No tecido do cosmos, a divindade não se apequena.
Na era das máquinas, o espiritual se regenera,
E na alma humana, o infinito sempre espera.

16.
Fénix: Ciclos de Morte e Renascimento

Nas cinzas do fim, uma chama se acende,
Da morte à vida, a Fénix ascende.
Em ciclos eternos, o destino se tece,
No fogo da prova, a alma enaltece.

Cada queda, um prelúdio de nova alvorada,
Na escuridão, a luz é reencontrada.
Como estrelas que morrem para brilhar,
A Fénix ensina-nos o poder de se renovar.

Do fundo da noite, ao amanhecer dourado,
A vida se refaz, no ciclo sagrado.
Morte e renascimento, na mesma moeda,
Na dança do universo, a essência se enreda.

"Morre o velho, nasce o novo", sussurra o vento,
E no coração ardente, floresce o sentimento.
Pela dor e pelo fogo, a verdade se revela,
Na asa da Fénix, a alma voa e se eleva.

17.
O Desdobramento do Tempo Espacial

No tecido do cosmos, o tempo se desdobra,
Entre estrelas e sonhos, a realidade sobra.
Cada instante, um universo se expande,
Na dança do espaço, o eterno se grande.

Em versos que rimam com o infinito,
A poesia do cosmos revela o inaudito.
No silêncio das galáxias, palavras ressoam,
Nos buracos negros, os versos ecoam.

Na vastidão do tudo, o nada também canta,
Nas notas do tempo, a vida se encanta.
Por caminhos de luz, a jornada espiritual,
Revela que o tempo é um rio imortal.

No desdobrar do manto estelar,
A poesia nasce, para o espírito embalar.
No coração do universo, o amor a pulsar,
Ensina que em cada fim, há um novo começar.

18.

Alquimias do Coração

No caldeirão do peito, sentimentos se fundem,
Em chamas secretas, paixões e dores redundam.
A alquimia do coração, misteriosa e sagrada,
Transforma o chumbo da alma, em ouro da alvorada.

Do amor ao lamento, a transmutação ocorre,
Nas veias do ser, uma força que socorre.
Dor em alegria, desespero em esperança,
Na forja do peito, a vida sempre avança.

Na química divina, emoções elevam-se,
Por entre as sombras, os sonhos revelam-se.
Assim, no âmago, onde tudo se conhece,
O coração, alquimista, a própria essência tece.

19.
Transmutações da Dor em Arte

Na imaginação da alma, a dor se aquece,
Em arte sublime, o sofrimento perece.
Da escuridão da noite, nasce a luz do dia,
No coração do artista, a tristeza se alivia.

Cada lágrima derramada, uma pincelada de cor,
Nos versos do poeta, o lamento vira amor.
Na melodia triste, uma canção de esperança,
Na dança da dor, a vida ainda balança.

Com o peso do mundo, os ombros curvam-se,
Mas nas mãos do criador, as sombras turvam-se.
Da angústia mais profunda, a beleza emerge,
No palco da vida, a arte submerge.

Com cada golpe do destino, um traço nasce,
Na tela do tempo, a dor se disfarce.
Na transmutação da dor, a arte se revela,
E no peito do artista, a paixão singela.

20.
O Caleidoscópio Humano: Cores da Emoção

Na alma humana, um caleidoscópio a girar,
Cores de emoções, em constante mudar.
Vermelho, paixão, azul de serenidade,
Verde esperança, dourado de felicidade.

No giro da vida, as cores se entrelaçam,
Em cada olhar, mil sentimentos se deslaçam.
Amor e dor, em tons de infinito,
No espectro humano, o belo e o aflito.

Lágrimas cristalinas, reflexos de prata,
Sorrisos dourados, a alegria que desata.
Cinza das tempestades, branco da paz,
No caleidoscópio humano, tudo se refaz.

Negro da noite, estrelas a cintilar,
Na escuridão, a luz a se revelar.
Cada cor, uma história, uma lição,
No coração, a arte da emoção.

81.

Nebulosas do Pensamento: A Formação de Ideias

No cosmos da mente, nebulosas a brilhar,
Ideias nascem, prontas para se formar.
Como estrelas distantes, em escuridão profunda,
Elas surgem, leves, numa dança rotunda.

Na vastidão do pensamento, ideias colidem,
Em explosões de criatividade, elas decidem.
Da névoa do incerto, formas começam a tomar,
Galáxias de possibilidades, prontas para explorar.

Cada pensamento, um universo a expandir,
No espaço infinito, um caminho a seguir.
Entre o caos e a ordem, a mente a navegar,
Nas nebulosas do pensamento, ideias a brotar.

Nas nebulosas do pensamento, a criar,
A mente humana começa a se revelar.
Na constelação de ideias, a beleza de pensar,
E no universo do saber, continuamos a viajar.

No silêncio sagrado, a mente a se expandir,
Surge o ritual da criação, pronto para fluir.
Entre o sopro divino e o toque mortal,
Nasce a arte, num gesto transcendental.

Na tela da existência, cores a dançar,
Sob o pincel do destino, começa a se formar.
Cada traço, uma prece, cada som, um altar,
Na música do cosmos, a alma a se elevar.

Do vazio, a plenitude, do nada, o tudo criar,
No caldeirão do universo, ideias a borbulhar.
Com palavras tecidas em fios de luz,
Narramos a essência, seguimos a própria cruz.

Entre o céu e a terra, o artista a mediar,
No altar da criação, o mundo a transformar.
Em cada gesto, um mistério, em cada olhar, uma fé,
No sagrado ato de criar, o ser se conhece, enfim, de pé.

23.

As Estações do Ser:

primavera Interior

Dentro de mim, um ciclo sem fim,
Estações que fluem, no íntimo jardim.
Na primavera interior, renasce a esperança,
Floresce o ser, nessa eterna dança.

Brotam sentimentos, em cores vivas a desabrochar,
Sementes de sonhos, prontas para germinar.
No sol da consciência, o gelo começa a derreter,
No coração, o amor, em botões, a crescer.

Com cada raio de sol, uma nova vida a surgir,
Na primavera da alma, aprendo a construir.
Pássaros de ideias, no céu da mente a cantar,
Melodias de renovação, em notas a pairar.

Neste ciclo sagrado, a transformação se faz sentir,
Na estação do ser, permito-me florir.
Em harmonia com o tempo, a essência a revelar-se,
Na primavera interior, a vida a renovar-se.

24.
Flutuações da Fé: Entre Dúvidas e Certezas

Entre sombras e luz, a fé começa a dançar,
Nas trilhas da vida, a nos questionar.
Dúvidas brotam, como flores no deserto,
Buscando no céu, o destino incerto.

Em cada coração, uma chama a vacilar,
Entre certezas e medos, a se debater.
A fé, ora firme, ora a flutuar,
No vasto mar da existência, a navegar.

Durante a noite, em prece silenciosa,
A alma procura respostas, na calma, ansiosa.
E na luz da aurora, a esperança renasce,
No horizonte infinito, a fé se enlace.

Neste balé cósmico, entre o ser e o crer,
A fé se molda, permitindo-nos viver.
Entre as flutuações da alma, na sua eterna busca,
Na fé encontramos refúgio, e a vida, por fim, justa.

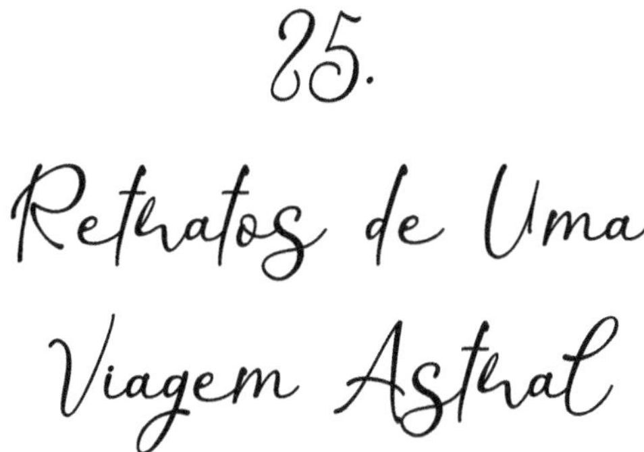

Na noite etérea, a minha alma se desprende,
Em viagem astral, o infinito acolhe-me, entende.
Estrelas guiam, em silêncio, o meu voo sideral,
Entre dimensões ocultas, um passeio espiritual.

Luzes dançam, tecem fios de conexão,
Universos paralelos revelam a sua canção.
A lua testemunha o meu deslizar,
Aprendo os segredos que o céu tem a contar.

Cores vivas pintam o cosmos em mim,
Refletindo lições de mundos sem fim.
No tecido do espaço, a verdade se desdobra,
Ensinamentos profundos, a alma absorva.

Cometas como mestres, na escuridão a brilhar,
Ensinos preciosos, eles vêm-me ofertar.
Ao retornar ao corpo, trago na essência,
Memórias de uma viagem, repletas de presença.

26.
A Canção Silenciosa da Intuição

Na quietude, a intuição sussurra,
Uma canção sem voz, que o ser murmura.
Em notas tácitas, a alma se expressa,
Nas cordas do coração, a verdade confessa.

Na luz do luar, em silêncio, se revela,
A melodia interna, pura e singela.
Ecoa no vazio, onde tudo é escuta,
Na dança das estrelas, a intuição se enxuta.

Silêncio que fala, em sopro divino,
Guiando passos, num caminho cristalino.
Entre sombras e luz, a canção se faz sentir,
No íntimo do ser, começa a fluir.

Neste concerto mudo, onde a alma é artista,
A intuição desenha, na vida, sua pista.
Com harmonia subtil, no palco do existir,
A canção silenciosa ensina a seguir.

27.
Arcanjos Modernos: Guardiões do Quotidiano

Na selva de pedra, sob o céu cinzento,
Arcanjos modernos, guardiões do momento.
Com asas invisíveis, em ruas e avenidas,
Protegem almas, nas jornadas estendidas.

Em trajes comuns, disfarçam o seu brilhar,
Nos gestos simples, começam a operar.
Uma palavra amiga, um olhar que acolhe,
Na correria do dia, o amor que envolve.

Caminham connosco, em passos leves,
Transformam o quotidiano, em milagres breves.
No sorriso partilhado, na ajuda inesperada,
A bondade se revela, na jornada abençoada.

Cada ato de gentileza, uma asa se desdobra,
No amor quotidiano, a esperança renova.
Arcanjos modernos, entre nós, a caminhar,
No simples do viver, ensinam a amar.

28.
O Despertar dos Elementos

Na alvorada do mundo, os elementos despertam,
Terra, ar, fogo, água, em harmonia se afirmam.
Raízes profundas, na terra se ancoram,
Sussurros do vento, nas alturas, decoram.

Chamas dançantes, com paixão a crepitar,
Rios e mares, no seu eterno vagar.
Cada um com a sua força, um ciclo a tecer,
No tecido da vida, começam a escrever.

A terra nutre, com sua fértil essência,
O ar inspira, traz a transcendência.
Fogo que transforma, purifica o ser,
Água que flui, ensina a renascer.

Em cada amanhecer, um novo ciclo se inicia,
Elementos guardiões, da vida a magia.
No eterno girar, a natureza a bailar,
O despertar dos elementos, a alma a guiar.

89.
Caminhos Cruzados

Nas trilhas da vida, caminhos se cruzam,
Destinos entrelaçados, em laços se fundem.
Passos dados ao acaso, histórias que se unem,
Em cada encontro, almas que se iluminam.

No céu estrelado, destinos são escritos,
Em linhas invisíveis, por mãos do infinito.
Cada cruzamento, uma oportunidade, um novo rito,
Na teia do tempo, o amor é infinito.

Corações errantes, em busca de abrigo,
Encontram-se nas curvas, longe do perigo.
Um olhar, um sorriso, a vida ganha sentido,
Nos caminhos cruzados, o destino é ouvido.

Entre escolhas e oportunidades, a jornada se faz,
No labirinto do mundo, a luz se refaz.
Por vias distintas, à mesma luz se chega,
Nos caminhos cruzados, a alma se entrega.

30.

Uma Conversa Cósmica

No véu da noite, estrelas a sussurrar,
Galáxias distantes, conversas a entoar.
Luzes ancestrais, em diálogo eterno,
Segredos do universo, um mistério fraterno.

Entre cometas e planetas, uma dança se faz,
O cosmos em harmonia, uma paz que satisfaz.
O sussurro das galáxias, uma canção sem fim,
Na imensidão do espaço, um destino assim.

Orquestra celestial, em vibrações se unem,
Nas ondas do infinito, histórias que se fundem.
Cada estrela, um verso, na poesia do ser,
Na vastidão cósmica, ensinam a entender.

A voz da criação, em cada partícula, ressoa,
No sussurro das galáxias, a alma voa.
Na conversa cósmica, o tempo se desdobra,
E no silêncio do espaço, a vida se renova.

31.

Harmonias do Infinito

No silêncio do cosmos, uma voz subtil ressoa,
Desvendando a consciência, na harmonia que ecoa.
Entre estrelas e sonhos, o infinito se desdobra,
Nas tramas do universo, a sabedoria obra.

No manto estelar, a consciência se expande,
Em harmonias cósmicas, o ser é grande.
No tecer do destino, a trama é infinita,
Cada momento vivido, uma pista escrita.

Desvendando véus, a verdade se mostra,
Na unidade do todo, a paz se aposta.
No sussurro das galáxias, o coração escuta,
Harmonias do infinito, a alma enxuta.

Neste vasto universo, somos poeira estelar,
Procurando entender, o que é amar.
Na harmonia do infinito, a consciência se alinha,
Desvendando segredos, a vida se avizinha.

38.

Labirintos Sensoriais

Nos labirintos da mente, os sentidos despertam,
Em caminhos escondidos, as sensações alertam.
O toque da brisa, a pele arrepia,
No sussurro do vento, a alma sorria.

O aroma da terra, após a chuva cair,
Desperta memórias, ensina a sentir.
O gosto doce da vida, em cada amanhecer,
Nos lembra que é preciso, apenas viver.

A visão das cores, num pôr do sol,
Pinta o horizonte, um quadro espanhol.
O som da natureza, em perfeita harmonia,
Orquestra divina, melodia do dia.

No despertar dos sentidos, a essência se encontra,
Na textura do ser, o espírito se pronta.
Labirintos sensoriais, em cada coração,
Guiam-nos à luz, da própria razão.

33.
Dualidades do Ser: Entre Luz e Sombra

Na trama do ser, luz e sombra se encontram,
Em cada alma, estas forças se confrontam.
Na luz, a esperança e a pureza a brilhar,
Nas sombras, os medos que tentam nos amarrar.

Entre o dia e a noite, a vida se balanceia,
No coração humano, esta luta semeia.
A luz que nos guia, em caminhos de paz,
E a sombra que ensina, o que a luz não traz.

A dualidade interna, um eterno duelo,
Como estrelas e noite, no mesmo céu belo.
Cada ser, um universo, de contrastes vivos,
Nas escolhas diárias, os nossos destinos são escritos.

Abraçar a própria sombra, é conhecer-se por inteiro,
Na aceitação deste encontro, o ser se faz verdadeiro.
Na dança entre luz e sombra, a beleza se revela,
Na harmonia destas forças, a vida se espelha.

34.
Reflexões da Existência: Entre Ver e Ser Visto

No palco da vida, entre ver e ser visto,
A existência se desdobra, num mistério imprevisto.
Olhares que cruzam, sem realmente enxergar,
Almas que passam, sem se tocar.

Ver além do óbvio, sentir sem toque,
Num mundo de aparências, a verdade é choque.
Ser visto por dentro, onde a essência mora,
Nesta busca constante, o tempo devora.

Na dança das vistas, o que é ser real?
Além das cortinas, do teatro social.
O espelho reflete, mas não pode mostrar,
O que o coração esconde, o que os olhos vão falar.

Entre o ver e ser visto, um abismo se cria,
Mas na ponte do entendimento, a alma se guia.
No olhar que compreende, a existência floresce,
E no ser verdadeiro, o amor prevalece.

35.

Harmonias Ocultas: Melodias do Desconhecido

Na partitura da vida, melodias ocultas,
Harmonias secretas, em névoas, flutuam.
Notas que dançam, ao vento, sussurradas,
Canções do desconhecido, na alma gravadas.

Ecos de um tempo, que ainda não veio,
Melodias de mistério, como um veio de anseio.
A música do universo, em sintonia perfeita,
Em cada coração, uma nota secreta.

Nos silêncios profundos, a essência se escuta,
Na harmonia oculta, a verdade se enxerga.
Cada ser, um instrumento, na orquestra da criação,
Toca a partitura, da própria evolução.

Nas cordas da alma, o destino se afina,
Entre acordes e pausas, a vida se destina.
Harmonias ocultas, em cada respiração,
Revelam as melodias, do coração.

36.
Sonhos Lúcidos em Cena: A Realidade Onírica

Em noites de véus finos, sonhos tornam-se cenas,
Lúcidos em tramas, de realidades plenas.
Onde o sonhador é rei, do seu próprio enredo,
Navegando em mares, de um mundo sem medo.

Na tela da mente, a realidade se dobra,
Em sonhos lúcidos, a alma descobre e obra.
Pontes entre mundos, tecidas em fantasia,
Revelam segredos, na calada da noite fria.

Nas luzes das estrelas, em sonhos despertos,
Desvendamos caminhos, universos abertos.
Onde cada suspiro, uma nova cena traz,
E a realidade onírica, à verdade, nos faz.

Entre sonhar e viver, uma linha ténue se mostra,
Nos sonhos lúcidos, a consciência se aposta.
Neste palco de sombras, luzes e cores,
Descobrimos que somos, tanto sonhadores quanto autores.

37.
Realidades Fragmentadas: Viagem por Universos Paralelos

Em fragmentos de realidade, a alma se lança,
Por universos paralelos, numa eterna dança.
Cada passo é um salto, em dimensões distantes,
Onde o impossível se torna, instantaneamente, instante.

Nessa viagem sem fronteiras, onde tudo pode ser,
Perdemo-nos e achamo-nos, no mesmo querer.
Entre o caos e a ordem, uma linha subtil,
Une mundos distintos, num destino febril.

Na lógica do absurdo, verdades se desdobram,
Em realidades fragmentadas, os nossos sonhos orbitam.
Cada fragmento, um universo, com as suas próprias leis,
Onde o "eu" se multiplica, e em muitos, se desfaz e refaz.

No tecido do cosmos, entre dobras e costuras,
Desvendamos mistérios, em aventuras puras.
E na busca incessante, por verdades fragmentadas,
Descobrimos que somos, por universos, abraçadas.